Calmos e tranquilos

Como acalmar-se e lidar com o estresse seguindo o exemplo dos gatos

Texto: Mary L. Williams
Ilustrações: Laurence Esgalha

Dados Internacionais de Catalogação na Publicação (CIP)
(Câmara Brasileira do Livro, SP, Brasil)

Williams, Mary L.
   Calmos e tranquilos : como acalmar-se e lidar com o estresse seguindo o exemplo dos gatos / Texto Mary L. Williams ; [tradução Marina Siqueira]. – São Paulo : Paulinas, 2011. – (Coleção sementinha)

   Título original: Cool cats, calm kids: relaxation and stress management for young people
   ISBN 978-85-356-2671-1
   ISBN 0-915166-94-1 (ed. original)

   1. Administração de estresse   2. Administração do estresse para crianças - Literatura juvenil   3. Assertividade na infância - Literatura juvenil   4. Estresse em crianças - Literatura juvenil   5. Estresse (Psicologia)   6. Psicologia infantil   7. Relaxamento - Literatura juvenil   I. Título.   II. Série.

10-05908   CDD-155.418

Índices para catálogo sistemático:

1. Estresse em crianças : Psicologia infantil   155.418

1ª edição – 2011

Título original da obra: *Cool Cats, Calm Kids*
© 1996, 2005 by Mary L. Williams

Direção-geral: *Flávia Reginatto*

Editora responsável: *Andréia Schweitzer*

Tradução: *Marina Siqueira*

Copidesque: *Simone Rezende*

Coordenação de revisão: *Marina Mendonça*

Revisão: *Mônica Elaine G. S. da Costa*

Assistente de arte: *Sandra Braga*

Gerente de produção: *Felício Calegaro Neto*

Produção de arte: *Manuel Rebelato Miramontes*

Nenhuma parte desta obra pode ser reproduzida ou transmitida por qualquer forma e/ou quaisquer meios (eletrônico ou mecânico, incluindo fotocópia e gravação) ou arquivada em qualquer sistema ou banco de dados sem permissão escrita da Editora. Direitos reservados.

Paulinas
Rua Dona Inácia Uchoa, 62
04110-020 – São Paulo – SP (Brasil)
Tel.: (11) 2125-3500
http://www.paulinas.org.br – editora@paulinas.com.br
Telemarketing e SAC: 0800-7010081
© Pia Sociedade Filhas de São Paulo – São Paulo, 2011

Este livro é dedicado especialmente aos meus três gatos:
Jenny, que fica assanhada quando recebe atenção demais;
Smokey, que não mia, mas é o mais afetuoso;
Pumpkin, que mia como se estivesse cantando.

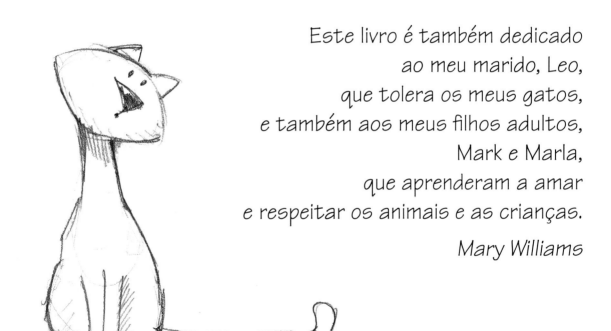

Este livro é também dedicado
ao meu marido, Leo,
que tolera os meus gatos,
e também aos meus filhos adultos,
Mark e Marla,
que aprenderam a amar
e respeitar os animais e as crianças.

Mary Williams

Os gatos têm mesmo sete vidas?

Talvez sim, talvez não.

Mas se eles tiverem mesmo sete vidas
    é porque possuem alguns SEGREDOS
    para ficarem assim, sempre tão
    CALMOS e TRANQUILOS!

Nas próximas páginas, estes segredos
    incríveis serão revelados...

SEGREDO 1
COCHILAR

Você já viu como os gatos acham um lugar quentinho para dormir?
Isso é bom, porque cochilar renova as energias para o que é realmente importante!
(No caso dos gatos, eles passam o dia tirando pequenos cochilos!)

VOCÊ PODE COCHILAR TAMBÉM!

Primeiro, feche seus olhos.
Agora, imagine que está num lugar quente, ensolarado...
Então, respire bem fundo... encha o peito de ar...
E depois solte o ar bem devagarzinho.
Enquanto faz isso, pense: "Estou calmo e relaxado".

Continue aproveitando o calor do sol e respire bem fundo, várias vezes, enquanto você se acalma. Seus problemas e preocupações vão parecer menos graves...

Quando estiver craque em relaxar, faça isso de olhos abertos.
Com os olhos abertos, você pode respirar fundo e se acalmar sempre que se sentir irritado ou bravo, e ninguém saberá o que está fazendo.
Imitar o cochilo dos gatos também é a melhor maneira de pegar no sono.

SEGREDO 2
ESTICAR-SE

Qual a primeira coisa que os gatos fazem quando acordam de um cochilo?
Eles se espreguiçam, com graça, longamente, com muuuuita calma.
Alongar-se prepara os músculos do corpo para entrar em ação e fazer o que precisa ser feito (tomar um banho, talvez?).

ALONGAR-SE é muito bom e ajuda a relaxar mesmo quando as coisas não vão bem... (como, por exemplo, quando sua mãe manda você arrumar o quarto, mas ele parece ótimo pra você, do jeitinho que gosta!).

SEGREDO 3
DEFENDER-SE

Quando os gatos sentem medo ou querem proteger seu território, eles se apoiam sobre as quatro patas e o pelo se levanta todo. Isso quer dizer: "Ei, eu tenho os meus direitos!".

Você não precisa arrepiar os cabelos ou mostrar as unhas para se defender, mas pode aprender a ser mais determinado e a AGUENTAR FIRME.

Para isso, ponha os ombros pra trás, olhe nos olhos da pessoa com quem está falando e diga como se sente ou o que quer.

Lembre-se que ouvir é tão importante quanto falar. Quem quer ser ouvido, deve aprender a ouvir. É conversando que se chega a uma solução.

SEGREDO 4
BRINCAR, BRINCAR E BRINCAR

Os gatos sempre ficam malucos com coisas em movimento! Pode ser um ratinho correndo, uma bola atirada ou um novelo de lã: para os gatos, são brinquedos incríveis!

É ótimo RIR e BRINCAR... Divirta-se sempre, procure coisas engraçadas que o façam rir, mesmo que seja rir de você mesmo! Não leve tudo tão a sério (especialmente se alguém diz que você é bobo... afinal, o que essa pessoa sabe sobre você?).

SEGREDO 5
ERGUER A CABEÇA

Não importa o que aconteça: os gatos sempre andam com a cabeça e o rabo erguidos.
Essa atitude quer dizer: "Eu sou mais eu! Já resolvi o problema!" (mesmo que o "problema" seja o ridículo do cachorro do vizinho).

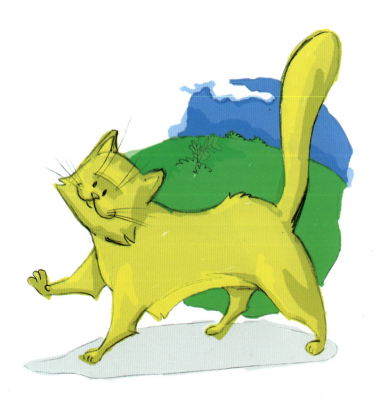

Então, MANTENHA A CABEÇA ERGUIDA – especialmente quando a professora faz uma pergunta, ou quando você se sente excluído ou envergonhado, e as palavras parecem que não saem da sua boca (será que o gato comeu sua língua?).

Lembre-se que nem todo mundo precisa gostar de você e que todos fazemos coisas bobas às vezes. Mantenha a cabeça erguida e diga a si mesmo: "Isso não vai me aborrecer" ou "Desta vez eu errei, mas aprendi a lição e não vai acontecer de novo".

SEGREDO 6
MIAR, quer dizer, FALAR

Miau... miauuuu...
Quero entrar...
Quero sair...
Quero comer...
Os gatos sabem que pedir não faz mal...

Então, seja honesto e FALE!

Antes de tudo, pergunte a si mesmo como você se sente.

Está triste? Bravo? Magoado?

É legal dizer como você se sente e o que quer.

Experimente dizer: "Mãe, pai, estou me sentindo meio sozinho hoje. Que tal a gente sair juntos?". Vai funcionar, acredite! (Quer dizer, tem boas chances de funcionar na maior parte das vezes!)

SEGREDO 7
SER ESPERTO

Seja esperto, mas não convencido!
Os gatos são conhecidos por sua INDEPENDÊNCIA.
Quando eles não vêm quando você chama, quando não se sentam no seu colo, isso não quer dizer que estão sendo desobedientes. Apenas sabem o que é melhor para eles naquele momento.

Seja também ESPERTO e INDEPENDENTE.
Se seus amigos chamam você para fazer algo que não acha certo, não precisa ir com eles!
Pode ser difícil dizer não, mas você se sentirá melhor fazendo aquilo que sabe que é o certo. Essa atitude fará de você uma pessoa realmente esperta!

MAIS ALGUNS SEGREDINHOS...

Muito bem, agora você já sabe: os gatos têm sete vidas e sete segredos importantes.
Mas, o que você ainda não sabe é que eles têm outros dois segredinhos bem interessantes...

SER SIMPÁTICO

Os gatos ronronam quando querem comida e carinho. Ronronar também indica que eles estão felizes com o modo como estão sendo tratados.
Então, SORRIA e seja GENTIL.
Deixe os outros saberem que gosta do modo como estão tratando você.

Um sorriso e um "muito obrigado" são garantia de que será bem tratado novamente. As pessoas apreciam quem é gentil e educado.

NÃO DESISTIR!

Os gatos são curiosos, e também encaram riscos.
Se um gato faz algo que não dá certo na primeira tentativa, ele vai tentar de novo, e de novo (você já viu um gato dar um faniquito só porque não conseguiu pegar a bolinha da primeira vez? Claro que não!).

Ser PERSISTENTE vale a pena!
Se quer mesmo alguma coisa, não desista! Continue tentando.

Agora você já sabe que os gatos têm sete vidas e alguns segredinhos para ficar sempre FELIZES, CALMOS e TRANQUILOS.

Vamos relembrar quais são os segredos dos gatos?

- Acalme-se e COCHILE. Você vai acordar mais tranquilo e relaxado.

- ESTIQUE-SE quando estiver bravo. Procure ficar relaxado, sempre.

- DEFENDA-SE! Explique as suas razões e tente buscar uma solução justa.

- BRINQUE e divirta-se. Não leve tudo tão a sério.

- ERGA A CABEÇA e diga coisas boas sobre você mesmo "Gosto de mim como eu sou, mesmo não sendo perfeito" (afinal, ninguém é!).

- FALE! Pergunte-se: "Como estou me sentindo?". Seja honesto e demonstre seus sentimentos, porque eles são importantes.

- Lembre-se: SEJA ESPERTO. Ser independente mostra que você é uma pessoa inteligente e sabe o que é o certo.

- Ronrone... quer dizer, SEJA SIMPÁTICO e sorria!

- NÃO DESISTA! Se não der certo da primeira vez, tente novamente! E mais uma vez!

OS SEGREDOS DOS GATOS

COCHILAR

ESTICAR-SE

DEFENDER-SE

BRINCAR

ERGUER A CABEÇA

FALAR

SER ESPERTO

SER SIMPÁTICO

NÃO DESISTIR

PARA PAIS E RESPONSÁVEIS

Imagine-se tentando equilibrar cinco bolinhas, sem treino prévio, na frente de uma multidão. As bolas vão cair, seu rosto ficará vermelho de vergonha e você terá vontade de sumir!

Com as crianças acontece algo parecido quase todo dia no processo de crescimento e aprendizado. Elas precisam de ajuda!

Sinais e sintomas de estresse

Se a criança apresenta um ou mais dos seguintes itens, ela pode estar estressada:
- Dor de cabeça
- Dor de estômago
- Insônia
- Irritabilidade
- Ranger de dentes
- Medos
- Inabilidade de relacionamentos
- Sentimentos de rejeição
- Ansiedade, nervosismo
- Depressão
- Mãos frias
- Dores musculares

Como controlar o estresse – o papel dos pais e responsáveis

- Tente não sobrecarregar a criança de atividades. Não fazer "nada" também é importante!
- Lembre-se: perfeição não deve ser um objetivo de vida. Ria mais de si mesmo e ensine isso a criança.
- Pratique as técnicas apresentadas neste livro com as crianças: 1) levante-se e estique-se, gire o tronco para a direita e para a esquerda; 2) desenrugue a testa, solte o maxilar, faça pequenos círculos com o pescoço; 3) solte os ombros, faça massagens.
- Fique atento para comentários depreciativos: "Não posso...", "Não vou conseguir...", "Ninguém me ama", "Sou mesmo um bobo". Primeiramente, reconheça os sentimentos da criança, dizendo: "Você parece estar aborrecido. Eu posso ajudar?". Depois, mostre que entende os sentimentos dela: "A vida às vezes é difícil mesmo...". Em seguida, transforme esses sentimentos negativos em positivos; para isso, bastarão algumas palavras otimistas: "Se você se acalmar, vai conseguir fazer o que quer", ou ainda: "Goste de você mesmo, ainda que ache que mais ninguém gosta". Reforçar a autoestima usando exemplos de vida é o melhor modo de administrar o estresse.

Respiração profunda

Muitas pessoas não percebem quando estão respirando muito rapidamente ou, ao contrário, quando às vezes prendem a respiração. Para conter o estresse, é importante respirar profundamente. Inspirar e expirar lentamente. Essa respiração profunda, consciente, proporciona uma sensação de relaxamento.

É preciso reconhecer o modo errado de respirar e, depois, passar a praticar a respiração profunda, lenta, completa. Aos poucos irá dominar o estresse em vez de ser dominado por ele.

Aprendendo

Coloque uma das mãos da criança no peito e a outra, na barriga. Peça que respire lentamente e depois pergunte: "Seu peito ou sua barriga se mexem enquanto você respira?". Se apenas o peito se mover, é preciso praticar mais a respiração lenta para atingir a calma.

Exercícios de respiração

Pratique cada etapa separadamente. Depois, faça tudo na sequência. Exercite-se várias vezes ao dia: ao acordar, antes do almoço, na hora de ir para a escola ou o trabalho, se discutir com alguém, ao se deitar.

- Respirando lentamente. Inspire e conte até quatro. Um... dois... três... quatro... depois solte o ar e conte até quatro novamente. Um... dois... três... quatro... Repita.

- Respirando profundamente. Coloque uma mão no peito e a outra, na barriga. Imagine que exista uma bexiga na sua barriga e que você deve enchê-la de ar. Ao inspirar, a mão sobre a barriga vai se mover para cima. Ao expirar, a mão volta ao lugar. A mão no peito deve permanecer imóvel.

- Mantendo a calma e relaxando. Ao inspirar, pense: "Estou calmo!". Ao expirar, "Estou relaxado!".

Lembre-se: a respiração correta é o modo mais eficiente e rápido de se acalmar!

Impresso na gráfica da
Pia Sociedade Filhas de São Paulo
Via Raposo Tavares, km 19,145
05577-300 - São Paulo, SP - Brasil - 2011